Herstellung und Verlag:
BoD – Books on Demand, Norderstedt
ISBN 978-3-8482-5135-3

Tipps und Tricks, wie Sie Ihr Leben entrümpeln

Widmung

Dieses Buch ist allen Männern gewidmet, die ihren Frauen vorwerfen, zu viele nutzlose Dinge zu besitzen.

Vorher – nachher

Auf dem Titelbild sehen Sie einen leer gemachten Kleiderschrank, in dem jetzt Kindersachen aufbewahrt werden.

Auf dem Bild der Rückseite sehen Sie das Kinderzimmer nach einem Kindergeburtstag.

Vorwort

Schon als kleines Mädchen dachte ich, warum habe ich 5 Puppen. Mir wäre eine Puppe lieber gewesen, die ich überall hin mitgenommen hätte. Natürlich konnte ich mich von keiner meiner Puppen trennen.

Später habe ich oft gedacht, wozu habe ich eigentlich so viel Klamotten? Ich hatte mehrere Kleiderschränke, auf den Schränken Kisten mit noch mehr Kleidung. Platzprobleme gab es nie, da ich eine Begabung dafür habe, auf kleinstem Raum möglichst viel unterzubringen. Deshalb werde ich auch scherzhaft als „Hochstaplerin" bezeichnet. Als ich aus meiner 1. Einzimmerwohnung auszog, war der Hausmeister fassungslos und fragte, ob das wirklich alles in der kleinen Wohnung war.

Ich habe auch Bücher gelesen, wie man Ballast loswerden kann. War alles einleuchtend, wurde aber nie in die Praxis umgesetzt.

Erst als ich schwanger war und schon geahnt habe, dass es bald jemanden geben wird, der alles ausräumt, habe ich angefangen umzudenken und nach und nach überall durchzuschauen und gründlich zu entrümpeln. Nachfolgend in alphabetischer Reihenfolge, was alles im Laufe der Zeit entsorgt wurde.

Viel Spaß bei der Lektüre!

Noch ein paar Tipps vorab

1. Kaufen Sie <u>Gebrauchsgegenstände</u> nur dann, wenn Sie sie wirklich brauchen. Ich habe während der Lehre, als ich auf eine eigene Wohnung hingearbeitet habe, in der Mittagspause immer Dinge für meinen eigenen Haushalt gekauft und kam dann zurück mit Geschirr, Putzeimer, etc. Die Kollegen haben sich immer amüsiert. Viele Dinge habe ich gekauft, weil meine Mutter sie hatte, sie aber selbst nie verwendet und später aussortiert. Wenn Sie sonntags etwas essen wollen, nur Konserven aber keinen Dosenöffner besitzen, ist das ein klassischer Fall, dass Sie einen Dosenöffner brauchen. Ich hatte damals sogar einen Fischdosenschlüssel/-öffner gekauft und nie verwendet.

2. Kaufen Sie <u>Luxusgegenstände</u> (Dinge, die man/Frau nicht unbedingt braucht) nur dann, wenn Sie sicher sind, dass Sie Ihnen auch Freude bereiten. Mein Mann hat mir oft vorgeworfen, wieviel Geld ich für Kleidung ausgegeben habe, die dann später in der Altkleidersammlung landete. Ich hatte aber Freude damit, als ich sie getragen habe, deshalb war es für mich keine Geldverschwendung. Außerdem war es mein eigenes Geld und ich habe keine Schulden dafür gemacht. Ärgerlich für meinen Mann war natürlich, dass er, als ich zu ihm gezogen bin, sehr viele Kisten schleppen musste mit Dingen, die später entsorgt wurden. Wenn ich das früher entsorgt hätte, ...

3. Scheuen Sie sich nicht, <u>Fehlkäufe</u> zu korrigieren, indem Sie diese ausrangieren, auch wenn sie erst kürzlich gekauft wurden. Man ärgert sich sonst nur bei jedem Anblick. Zum Glück litt ich nie unter <u>Markenwahn</u>, so dass es keine teuren Fehlkäufe gab.

4. Ich gehe jetzt <u>regelmäßig</u> meine Sachen durch, bevor der Unrat Ausmaße annimmt. Ich nehme mir z. B. eine Ecke, einen Schrank, ein Regal vor und setze mir das Ziel, dass diese Ecke leer sein muß. Grundsätzlich achte ich beim <u>Ausmisten</u> auch darauf, dass der neu gewonnene Platz praktisch genutzt wird. So ist z. B. eines meiner Ziele gewesen, keine Dinge, die ich regelmäßig benötige, auf dem Schrank zu haben, wo ich dann einen Stuhl brauche, um dranzukommen. Nur bei selten benötigten Dingen ist es für mich akzeptabel, dass sie nicht einfach griffbereit sind.

Ausnahmen sind natürlich Dinge, die einen <u>ideellen Wert</u> für Sie haben. In meinem Regal hat eine Puppe, die mir mein Vater mal aus Moskau mitgebracht hat, einen Ehrenplatz.

Alphabetisches Register

Adressbuch
Da es immer wieder Kontakte gibt, die einschlafen oder neue entstehen, habe ich alle noch gültigen Adressen in ein neues Adressbuch eingetragen.

Armbanduhren
Habe ich auch mal gesammelt. Da ich keine teuren Uhren besitze, werfe ich solche, die nach einem Batteriewechsel nicht mehr funktionieren, einfach weg. Uhren, bei denen ich die Batterie nicht selbst wechseln kann, werden auch aus Kostengründen entsorgt, ich habe immer noch genug.

> **Tipp:** Mittlerweile besitze ich 2 ganz alte Uhren zum Aufziehen, wirklich sehr praktisch und kostengünstig. Automatikuhren sind natürlich auch geeignet, aber meist recht teuer und schwer.

Armreifen
Armreifen habe ich eine Zeit lang gerne getragen. Ich hatte schmale und breite, einfarbige und bunte, aus Messing, Kunststoff oder Holz in allen Variationen. Mittlerweile trage ich sie nicht mehr gern, weil sie klappern und stören, wenn ich am Computer sitze und tippe. Deshalb habe ich zwei Dosen mit Armreifen leer gemacht und eine behalten. Später wurde auch der Inhalt der dritten Dose entsorgt.

> **Tipp:** Die Tüte mit den ausrangierten Armreifen habe ich einer Mutter mit 3 Töchtern geschenkt. Die haben sich sehr darüber gefreut.

Backformen
Als Backen mein neues Hobby wurde, habe ich in meiner Begeisterung auch alle möglichen Backformen gekauft. Ob Kastenform, Gugelhupf, rund oder eckig, alles war vorhanden. Letztendlich ist die Form aber egal, es muss einfach schmecken. Deshalb habe ich auch

hier gründlich aussortiert. Eine Springform mit 26 cm Durchmesser ist unentbehrlich, ein paar Muffin- und 2 – 3 Kuchenformen, das reicht dann wirklich. Etwas Abwechslung wollte ich doch noch haben bei der Form.

> **Tipp:** Backformen aus Silikon besitzen drei Vorteile, die Form muss nicht gefettet werden, der Kuchen geht problemlos aus der Form, sie lassen sich einfacher reinigen.

Baumwolle und Polyester
Kleidung, die aus 100 % Polyester, Polyamid, etc. besteht, kaufe ich nicht mehr, weil man mehr schwitzt. Ich habe alles ausgemistet, wo der Hauptanteil nicht Baumwolle war.

Besteck und Geschirr
Was Sie benötigen, hängt natürlich davon ab, wie groß Ihre Familie ist und wie oft Sie Besuch bekommen. Ein kompletter Kasten Besteck und ein komplettes Set Geschirr sind natürlich wünschenswert, wenn Besuch kommt. Mein Mann und ich hatten zahlreiche Gläser, leider ein beliebtes Geschenk. Da wir keinen Alkohol trinken, brauchen wir auch keine Schnaps- und Weingläser. Manche Gläser haben wir aussortiert, weil sie keinen festen Stand hatten.

Bettwäsche
Wie viele Sets braucht man eigentlich? 1 zum Schlafen und 1 oder 2 als Reserve. Wenn Sie Kinder haben, die noch ins Bett machen oder sich übergeben, sollten es besser 3 oder 4 Sets sein.

> **Tipp:** Kaufen Sie Bettwäsche mit Reißverschluss, das Wechseln geht einfach schneller.

Der Tipp mit dem Reißverschluss stammt übrigens von meinem Mann. Er machte dies zur Bedingung, dass er auch mal die Bettwäsche wechselt. Mittlerweile haben wir nur noch Bettwäsche mit Reißverschluss. Raten Sie mal, wer bei uns immer noch die Bettwäsche wechselt?

Blusen und Kleider
Da ich Blusen und Kleider nicht gerne bügele, ziehe ich sie selten an und habe viele aussortiert. Bei manchen Gelegenheiten ist eine Bluse doch hübscher, deshalb habe ich noch ein paar im Schrank.

Bücher
Manchmal kauft man sich Bücher, weil es ein Bestseller ist, einen das Thema interessiert. Vielleicht liest man auch mal den Anfang, blättert durch, stellt dann aber fest, dass das Buch doch nicht so interessant ist.

> **Tipp:** Für Bücher gibt es noch einen Markt, sie gebraucht zu verkaufen.

CDs
Der Geschmack kann sich ändern. Bei manchen CDs bin ich mittlerweile fassungslos, dass ich sie mal gerne gehört habe. Alles, was ich nicht mehr höre, wurde aussortiert, um Platz für neue CDs zu schaffen. Leider ist es nicht mehr so einfach gebrauchte CDs zu verkaufen, da viele CDs gebrannt werden oder Musik aus dem Internet heruntergeladen wird. Nur deutsche Schlager laufen noch ganz gut.

CD-Türme
Im Laufe der Zeit habe ich immer wieder einen neuen Turm gekauft, wenn einer voll war. In jeder Ecke stand einer. Beim Ausmisten meiner CDs sind ein paar leer geworden, aber ich habe bei der Gelegenheit auch umsortiert, jetzt ist alles schön übersichtlich in Regalen.

> **Tipp:** Bei Sammlungen immer ausbaufähige Systeme zur Aufbewahrung wählen, da die Wohnung sonst schnell zu voll wird und nichts harmoniert.

Dachboden und Keller

Getreu dem Motto „aus den Augen, aus dem Sinn", sollte man sich sehr gut überlegen, was in den Keller oder auf den Dachboden kommt. Dort landen sowieso meist Dinge, die man oft gar nicht mehr braucht. Bei vielen Menschen, die ein Zimmer „übrig" haben, wird dies zur Abstellkammer degradiert. Alles, was momentan nicht gebraucht wird, landet dort. Schade um das Zimmer. Oft werden diese Dinge erst bei einem Umzug endgültig ausgemustert.

Datensicherung

Haben Sie wichtige Dateien auf dem Computer oder alle Ihre Bilder nur dort gespeichert? Dann sollten Sie regelmäßig wöchentlich oder monatlich eine Datensicherung machen. Selbstverständlich sollten auch regelmäßig Dateien gelöscht werden, die nicht mehr aktuell sind, um Speicherplatz zu schaffen.

Tipp: Wenn Sie Ihre Dateien nach Thema in verschiedenen Ordnern speichern, müssen Sie nur die Ordner neu sichern, wo es tatsächlich Änderungen gegeben hat und die Datensicherung geht schneller als eine komplette Datensicherung. Außerdem finden Sie Dateien dadurch schneller.

Decken

Decken hat man oft stapelweise im Schrank, braucht aber oft nur 1 oder 2. Ich habe deshalb alle Decken ausgemistet, die mir nicht mehr gefielen oder die ich nie oder nur ungern verwendet habe.

Tipp: Manche Decken eignen sich hervorragend als Schutz oder zur Dekoration über einem Sessel oder einer Couch.
Mir sind Tagesdecken zu groß und zu schwer, ich lege deshalb lieber eine „normale" Decke aufs Bett, wenn der Besuch die Bettwäsche nicht sehen soll.

Dosen

Früher habe ich Dosen gesammelt in allen Größen und Formen. Ich kam an keiner schönen Keks- oder Pralinendose vorbei. Den Inhalt habe ich natürlich auch gerne gegessen. In den Dosen bewahre ich Schmuck, Büroutensilien und andere Kleinteile auf. Als mein Sohn in seiner oralen Phase war und alles in den Mund nahm, musste ich einige Dosen wegwerfen, da der Lack im wörtlichen Sinn teilweise ab war. Ich habe dann angefangen, kräftig Dosen auszumisten. Alle Dosen, wo der Deckel nicht fest saß, kamen weg. Mein Sohn hat diese nämlich aufgemacht und geleert. Ich habe mich auch von verschiedenen kleinen Dosen getrennt, den Inhalt von diversen kleinen Dosen in eine größere umgefüllt. Das hat auch wieder Platz geschaffen.

Tipp: Übrigens sind Dosen mit Inhalt (z. B. Kekse, Pralinen oder Christstollen) meist billiger als solche ohne Inhalt. Nach Weihnachten und Ostern sind die Preise für Dosen mit Weihnachts- und Osterschokolade niedriger.

Drogerieartikel

Als sparsamer Vorratsmensch habe ich mich immer mit Drogerieartikeln eingedeckt, wenn etwas im Angebot war. Ich hatte immer eine volle Kiste davon. Da solche Dinge immer wieder im Angebot sind, brauche ich jetzt erst mal meine Bestände auf, bevor ich neu einkaufe. Dauert ca. noch 1 – 2 Jahre, bis ich wieder ein Shampoo, Spülung oder Duschgel kaufen muss. Spülmittel habe ich auch nur noch 1 Flasche in Reserve.

DVDs und Videos

Kennen Sie das? Sie kaufen einen Film, schauen ihn einmal an, dann verstaubt er im Regal. Ich habe alle DVDs und Videos, die ich nicht noch einmal anschauen würde, ausrangiert. Die meisten Filme werden sowieso irgendwann im Fernsehen gezeigt oder wiederholt.

Tipp: Es ist sowieso billiger, DVDs und Videos auszuleihen und man verschwendet keinen Platz dafür.

E-Mails

Es gibt Menschen, die regelmäßig beruflich oder privat E-Mails schreiben und erhalten, aber nie welche löschen und sich dann wundern, wenn sie irgendwann den Überblick verloren haben. Ich habe mir angewöhnt, wenn ich eine direkte Antwort auf meine E-Mail erhalte, meine gleich zu löschen, umgekehrt lösche ich natürlich die Eingangs-E-Mail, wenn ich direkt darauf antworte.

Tipp: Wenn Sie beim Schreiben und Beantworten einer E-Mail einen aussagekräftigen Betreff nehmen, finden Sie diese auch leichter wieder.

Familie

Trennen Sie sich von dem Gedanken, mit Ihrer Familie einen engen Kontakt pflegen zu müssen. Es ist ganz normal, je mehr Gemeinsamkeiten Sie haben, desto enger wird der Kontakt sein, und umgekehrt. Wichtig ist, dass man innerhalb der Familie für einander da ist, wenn der eine den anderen braucht. S. a. unter Kontakt.

Figuren

Siehe unter Sammlungen.

Fotos

Alle Fotos sind bei mir in Alben einsortiert. Es gibt doch nichts Unübersichtlicheres als Kartons mit Fotos. Mit den Jahren hat man doch keine Lust mehr, diese anzuschauen oder gar zu sortieren. Ich habe noch ein separates Album, wo ich Erinnerungsstücke einklebe wie z. B. Zeitungsausschnitte, Witze, Postkarten, etc.

Tipp: Foto-Einsteckalben erleichtern das Einsortieren sehr. Es geht erheblich schneller als einen Klebestift oder Fotoecken zu verwenden.

Gardinen

Gardinen, die mir nicht mehr gefielen, landeten im Mülleimer. Teilweise habe ich sie gekürzt und nähen lassen, um sie an anderen Fenstern aufzuhängen. Der Aufwand lohnt sich, da Gardinen doch recht teuer sind.

Geldbeutel
Seit der €-Einführung hat man ja meist nicht mehr so viele Fremdwährungen im Geldbeutel. Da braucht man nur noch einen.

Tipp: Bei Neukauf eines Geldbeutels achte ich darauf, dass er ein Fach mit Reißverschluss fürs Kleingeld, 2 Fächer für Scheine und Papierkram, diverse Fächer für Kunden-, Bank-, Telefonkarten, etc. und ein Fach für den Personalausweis hat, damit alles übersichtlich ist.

Geschirr und Besteck
Siehe unter Besteck.

Geschirrtücher
Geschirrtücher scheinen ein beliebtes Geschenk zu sein. Ich habe jetzt nur noch einen Stapel von der Sorte, die auch gut abtrocknet.

Tipp: Geschirrtücher eignen sich hervorragend zum Fahrrad oder Auto putzen oder Fenster polieren nach dem Putzen.

Gürtel
Ein paar Gürtel in schwarz, braun oder beige, in verschiedenen Breiten, mit goldener oder silberner Schnalle reichen schon. Das passt immer. Kürzlich hätte ich mir beinahe einen Gürtel gekauft, für den ich gar keine passende Hose gehabt hätte, weil er zu breit war.

Gürtelschnallen
Ich habe früher Gürtelschnallen gesammelt. Wenn ein Gürtel nicht mehr schön war, habe ich ihn weggeworfen und die Schnalle aufgehoben. Ein einziges Mal habe ich bei einem Gürtel die Schnalle wechseln lassen. Ansonsten hat es sich nicht rentiert, die Gürtelschnallen aufzubewahren. Deshalb sind alle im Müll gelandet. Als

dann alle Gürtelschnallen im Müll waren, hat prompt mein Schwiegervater eine gebraucht, weil er den Gürtel nicht wegwerfen wollte, aber die Schnalle kaputt war. So läuft es auch oft beim Ausmisten.

Handtasche
Wer kennt sie nicht, die große geräumige Handtasche, wo man nie auf Anhieb das findet, was man sucht. Ich habe jetzt eine große mit besonders vielen Taschen, wo ich genau weiß, die Taschentücher sind vorn links in der Außentasche. Dinge, die ich nicht brauche, sind auch nicht (mehr) in meiner Tasche. Wenn ich nach Hause komme, wird alles ausgeräumt (z. B. Einkäufe, Kassenzettel), was ich für das nächste Mal nicht brauche. Schließlich muss ich ja keine Windeln mitnehmen, wenn ich ohne Kinder weggehe.

Tipp: Kleinteile wie Lippenstift, Schere, Pinzette, Zeckenkarte, etc. bewahre ich in einer Art Minikulturbeutel oder einem Täschchen auf, da sie sonst oft untergehen in der Tasche und bei Bedarf nicht sofort gefunden werden.

Handtücher
Trocknen Ihre Handtücher überhaupt noch richtig ab? Viele sind nach zahlreichen Wäschen so dünn, dass sie ihren Zweck nicht mehr erfüllen. Mit Mikrofaserhandtüchern habe ich ähnliche Erfahrungen gemacht, allerdings von Anfang an. Trocknen nach dem Waschen sehr schnell, aber nicht gut ab.

Tipp: Ich verwende alte Handtücher gern als Unterlage in meinen Kleiderschränken. Für einen Umzug sind Handtücher zum Einpacken und Schützen zerbrechlicher Sachen auch noch sehr praktisch. Also nicht alle wegschmeißen.

Handys
Ich habe noch nie eins besessen, weil ich gar nicht jederzeit erreichbar sein will. Wenn ich da an die

banalen Gespräche denke, die ich im Schwimmbad, an der Bushaltestelle oder im Kaufhaus manchmal mit anhören muss wie z. B. „Ich stehe gerade in der Umkleidekabine und ziehe mich um" oder „Ich warte auf den Bus". Für manche Berufe ist ein Handy natürlich wichtig. Viele Leute besitzen gleich mehrere, obwohl meist nur eins in Gebrauch ist. Also ausrangieren, was nicht mehr verwendet wird.

Tipp: Kinder spielen gerne mit Dingen, die Knöpfe oder Tasten haben, besonders, wenn es echt aussieht oder ist.

Hobbys
Wahrscheinlich hat jeder von uns mal ein Hobby gehabt, dass jetzt keinen Spaß mehr macht. Ob nun Utensilien zum Handarbeiten, Basteln, Werkeln, etc., wenn es nur sinnlos rumliegt, trennen Sie sich davon. Farben vertrocknen, etc. Ein anderer hat vielleicht Freude damit.

Tipp: Kindergärten freuen sich oft über solche Bastelspenden.

Hosen
Nach der Schwangerschaft wog ich weniger als vorher. Deshalb sind alle Hosen ohne Gürtelschlaufen ausgemustert worden, weil sie rutschten. Auch hier ändert sich der Geschmack. Hosen, die unten weit sind, waren mal „in", sind aber unpraktisch fürs Fahrrad. Auch dieser Stil Hose wurde von mir radikal ausgemistet.

Tipp: Machen Sie ein paar Kniebeugen, wenn Sie eine neue Hose anprobieren, dann wissen Sie, ob die Hose auch im Sitzen bequem ist. Ich habe früher oft eine Nummer zu klein gekauft. Im Stehen wunderbar, aber beim Tragen, Sitzen, Bücken, etc. war es unbequem. Achten Sie beim Kauf von neuen Hosen auf Gürtelschlaufen, damit sich die Weite bequem regulieren lässt.

Jacken

Ich habe schon lange keine Lust mehr, jeden Tag eine andere Jacke anzuziehen, damit es passt. Auch hier trage ich jetzt mehrere Tage dieselbe neutrale Jacke. Wichtig ist nur, dass man eine gute Jacke gegen Regen und Kälte hat.

Kartons

Man denkt immer, den könnte ich noch brauchen und hebt alle auf, vom Karton der Stereoanlage bis zum Päckchen, das man erhält. Wenn dann tatsächlich einer benötigt wird, ist es sowieso immer die falsche Größe. Also ab ins Altpapier oder in den Ofen.

> **Tipp:** Bei Supermärkten kann man sich bei Bedarf kostenlos neue Kartons holen.

Keller und Dachboden

Siehe unter Dachboden.

Ketten

Da ich mittlerweile von manchem Modeschmuck einen Ausschlag bekomme, habe ich kräftig aussortiert, welchen Schmuck ich deshalb nicht mehr tragen kann.

> **Tipp:** Die Mutter mit den drei Töchtern hat mir die Tüte mit den ausrangierten Ketten abgenommen. Die großen Mädchen tragen die Ketten teilweise, die Kleine spielt damit. Ein paar Kettenanhänger habe ich behalten und einfach ein Lederband als Kette gekauft oder eine neue Kette mit Perlen gebastelt.

Kissen

Hier entscheidet natürlich die Bequemlichkeit, wie viele man im Bett oder auf der Couch hat. Ich habe, als ich gestillt habe, ständig neu dekoriert, bis ich es richtig gemütlich fand.

> **Tipp:** Kissen mit Polystyrol-Kugeln passen sich dem Körper an und sind wirklich sehr angenehm.

Kleiderschränke

Ich hatte mal – kaum zu glauben – 4 Kleiderschränke, 2 Kommoden und diverse Kisten, die voll mit Kleidung und Accessoires waren. Jetzt habe ich noch 2 Kleiderschränke, davon 1 begehbarer mit meinen Jacken. Im 3. Kleiderschrank sind 2/3 Dinge, die außer Reichweite meiner Kinder sein sollen, der 4. enthält jetzt Kleidung und andere Dinge von meinen Kindern. Die Kommoden sind jetzt mit Accessoires gefüllt und die Kisten mit Spielzeug. Mein Mann sagt natürlich, dass ich noch mehr aussortieren muss. Aber ich bin stolz darauf, dass schon so viel weg ist.

Tipp: Wenn Sie regelmäßig radikal aussortieren, kann es erst gar nicht so weit kommen, dass Sie so viele Kleider besitzen, um fast schon eine Boutique in Ihrer Größe zu eröffnen. Leider kennt wohl fast jede Frau das „Problem", sich im Sommer oder Winter neue Teile zu kaufen, ein - zweimal zu tragen, in der nächsten Saison kauft Frau wieder etwas Neues.
Aber Männer, die uns deshalb ausschimpfen, sind ja noch viel schlimmer. Da wird die ausgebeulte Hose oder die verschlissene Jacke immer wieder aus dem Altkleidersack „gerettet" und es wird immer dasselbe angezogen.

Kleidung

Mittlerweile achte ich generell beim Kauf neuer Kleidung darauf, dass sie bequem und praktisch ist (z. B. Taschen vorhanden sind). Alle Dinge, die zu eng waren, wurden aussortiert. Man nimmt ja doch eher zu als ab. Hosen und Röcke, die auf dem Fahrrad in den Speichen landen, trage ich nicht mehr. Alles, was mir nicht mehr gefiel, kam weg. Es ist eher selten, dass es später doch wieder gefällt. Wenn ich morgens etwas anziehe, in dem ich mich nicht wohl fühle, es irgendwo spannt oder zwickt, wird es sofort aussortiert. In der Regel habe ich dann den Ehrgeiz, wenigstens eine kleine Tüte mit ausrangierter Kleidung zu füllen, damit sich der Weg zur Altkleidertonne auch lohnt.

Tipp: Eine Alternative zur Altkleidersammlung ist der Second-Hand-Laden. Ist allerdings etwas mühselig aus meiner Erfahrung. Kleidung, die meinen Kindern nicht mehr passt, versuche ich, auf Basaren im Kindergarten zu verkaufen.

Knöpfe

Früher hob ich alle Ersatzknöpfe, Nieten, Perlen, etc. in einer großen Dose auf. Teilweise habe ich sogar bei ausrangierten Kleidungsstücken die Knöpfe behalten. Natürlich hatte ich auch viele Knöpfe und Nieten von Kleidung, die ich schon lange nicht mehr besitze. Ein einziges Mal habe ich einen Ersatzknopf benötigt, da ich sonst alle Knöpfe fest annähe, wenn ich etwas neu kaufe. Deshalb habe ich bis auf ein paar wenige Ersatzteile die ganze Dose mit Inhalt ausrangiert.

Koch- und Backbücher

Vor meiner Heirat habe ich mich von Fertigprodukten ernährt. Durch meinen Mann bin ich darauf gekommen, backen und kochen zu lernen. In meiner Begeisterung für diese neuen Hobbys habe ich mir stapelweise Bücher gekauft. Erst sehr viel später habe ich gemerkt, dass je ein Fachbuch zum Kochen und Backen und ein paar spezielle Bücher z. B. zum Thema Einkochen ausreichend gewesen wären. Ich habe dann sehr viele Bücher ausgemistet und gebraucht verkauft.

Kochtöpfe und Pfannen

Es rentiert sich wirklich, beim Kauf auf eine gute Beschichtung zu achten und mehr Geld auszugeben, sonst wirft man wirklich jedes Jahr einen Kochtopf und eine Pfanne weg. Töpfe mit guter Beschichtung sind auch einfacher zu reinigen.

Kontakte

Früher hatte ich vor Weihnachten richtig Stress, weil ich haufenweise Karten und E-Mails verschickt habe. Ich selbst erhielt bei Weitem nicht so viele Weihnachtsgrüße wie ich versendet habe. Jetzt bekommen nur noch

Menschen, mit denen ich das ganze Jahr über einen guten Kontakt pflege, Weihnachtspost von mir. Wenn ein Kontakt nur einseitig von Ihnen gepflegt wird, machen Sie einfach mal gar nichts. Menschen, die Interesse an Ihnen haben, werden sich melden, den Rest können Sie sowieso vergessen. Probieren Sie es aus.

Wenn es Menschen gibt, mit denen Sie keinen Kontakt mehr haben, weil etwas vorgefallen ist, machen Sie noch wenigstens einen Versuch, sich auszusprechen. Unter Erwachsenen sollte es möglich sein, offen und ehrlich miteinander zu sprechen, evtl. Mißverständnisse auszuräumen, sich ggf. zu entschuldigen, einen Schlußstrich zu ziehen und neu anzufangen. Wenn die betreffende Person nicht kann oder will, haben Sie es wenigstens versucht und müssen sich später keine Vorwürfe machen.

Kontoauszüge

Ich habe Anfang des Jahres alle Kontoauszüge, die älter als 10 Jahre sind, durch den Reißwolf gejagt. Das hat Platz geschaffen. Jetzt mache ich das jedes Jahr, schließlich kommen ja immer wieder neue hinzu.

Küchengeräte

Als ich mit Kochen anfing, habe ich in meiner typischen Begeisterung alle möglichen Geräte gekauft: Sandwichtoaster, Waffeleisen, Dampfgarer, Eierkocher, Römertopf, Fritteuse, Quark- und Jogurtgerät. Besitze ich jetzt alles nicht mehr, auch die Küchenmaschine mit den verschiedenen Aufsätzen zum Zerkleinern, Raspeln, etc., die ich geschenkt bekam, ist nicht mehr da. Die Hemmschwelle, solche Geräte überhaupt zu benutzen, ist immer das Saubermachen hinterher. Meistens sind ein Kochtopf und eine Pfanne mit guter Beschichtung ausreichend. Die wichtigsten Küchengeräte sind nach wie vor Backofen, Herd, Mixer und ein kleines Gerät, um z. B. Nüsse zu zerkleinern.

Ich besitze noch eine Brotbackmaschine und ein Jogurtgerät. Die Brotbackmaschine läuft einmal die Woche bei mir. Mein Brot bewahre ich im Kühlschrank auf, es ist bis zur letzten Scheibe frisch. Das Jogurtgerät lief lange Zeit auch wöchentlich. Der Jogurt wurde zum Frühstück mit Marmelade gegessen oder der Salat damit verfeinert. Da das Gerät schon länger nicht mehr lief, ist es jetzt auch noch ausrangiert worden. Wenn Sie auch Küchengeräte besitzen, die sie aber schon seit Ewigkeiten nicht mehr benutzen, weg damit. Fondue und Raclette macht man meistens nur ein- bis zweimal im Jahr. Vielleicht kann man das mit Freunden zusammen kaufen und dann ausleihen.

Tipp: Ein gutes Küchenmesser und ein Schneidebrett ersetzen die beste Küchenmaschine. Und wenn Sie Ihr Küchenmesser vor jedem Gebrauch wetzen, bleibt es immer scharf.
Achten Sie beim Neukauf darauf, dass das Gerät nicht zu viele Einzelteile hat, die schwer zu reinigen sind.
Es gibt auch Händler, die gebrauchte Elektrogeräte kaufen und verkaufen. Die Preise sind allerdings im Keller, da Supermärkte oft günstig neue Küchengeräte anbieten.

Küchenutensilien
Als mein Mann und ich geheiratet haben, brachte jeder von uns seinen eigenen Hausstand mit, so dass wir sehr viel doppelt hatten. Menschen, die es selbstverständlich nur gut mit uns meinten, haben uns dann auch noch Dinge für die Küche geschenkt. Im Laufe der Jahre habe ich immer wieder aussortiert, was sowieso nie verwendet wurde.

Tipp: Kantinen, Altenheime, etc. sind dankbare Abnehmer.

Kundenkarten
Man erhält Sie überall, angeblich gibt es auch Vorteile. Der Geldbeutel ist voll mit Karten oder sie liegen zu Hause. Ich habe alle Karten gekündigt, wenn ich sie nicht regelmäßig benutzt und einen Vorteil für mich gesehen habe. Schließlich habe ich kein Interesse

daran, dass jedermann Informationen über mein Kaufverhalten hat.

Märchenbücher
Hier hatte ich auch eine ziemlich große Sammlung. Von armenischen über Lügen- bis Zigeunermärchen war alles vertreten in meinem Bestreben, eine möglichst komplette Sammlung zu haben. Teilweise sind die Bücher aber nicht mein Stil, in manchen Ländern die Märchen fast schon brutal. Deshalb habe ich auch hier kräftig ausgemistet.

Medikamente
Als wir einen Wasserschaden im Bad hatten, der nette Handwerker hatte durch eine noch nicht angeschlossene Wasserleitung ein paar Eimer schmutziges Wasser geleert, die dann für eine Überschwemmung gesorgt haben, musste ich den Badezimmerschrank ausräumen und habe dabei abgelaufene Medikamente entsorgt.

Mikrowellengeschirr
Hatte ich aus hartem Plastik, der Deckel schloss nicht richtig, der Boden war vom Essen verfärbt. Jetzt habe ich praktisches Mikrowellengeschirr aus weicherem Plastik, der Deckel schließt richtig, wenn der Inhalt abgekühlt hat, und ich kann das Geschirr sogar einfrieren, auf dem Deckel ist ein Zeichen, welche Seite für die Mikrowelle und welche für den Gefrierschrank bestimmt ist.

Tipp: Achten Sie beim Neukauf von Mikrowellengeschirr darauf, dass ein gut verschließbarer Deckel dabei ist und das Geschirr auch zum Einfrieren verwendet werden kann.

Möbel
Wenn man sein erstes eigenes Geld verdient, reicht es finanziell meist nur für Sperrholz- oder Press-Spanmöbel. Im Laufe der Jahre habe ich diese durch Möbel aus Holz ausgetauscht. Mittlerweile habe ich

festgestellt, dass Kommoden zwar schön aussehen, aber leider nicht so viel Platz bieten wie ein Regal oder Schrank. Sie sind nur unter Fenstern oder Dachschrägen praktisch.

Tipp: Achten Sie beim Kauf von neuen Möbeln darauf, dass sie einfach zum Zusammen- und Auseinanderbauen sind, damit sie auch einen oder mehrere Umzüge überstehen. Bei meinen billigen Möbeln waren immer sehr viele Nägel und Schrauben notwendig, damit sie nach einem Neuaufbau noch stabil waren.
Bei offenen Schränken und Regalen haben Sie immer ein Problem mit Staub. Türen aus Holz oder Glas, damit man etwas sieht, sind da sehr praktisch.

Mützen
Wie viele Mützen kann man tragen? Immer nur eine. Deshalb habe ich jetzt keine Kiste mehr voll mit Mützen, Kappen, etc. sondern nur noch einen kleinen Stapel in diversen, meist neutralen Farben.

Ohrringe
Mittlerweile trage ich lieber kleine Ohrringe, deshalb habe ich die großen ausgemistet oder wenn möglich, kleinere daraus gebastelt.

Tipp: Teile von Ohrringen habe ich als Kettenanhänger wiederverwertet, die Stecker habe ich als Ersatzteile behalten.

Ordner
Ich hatte früher sehr viele Ordner, die teilweise gar nicht voll waren, nehmen aber trotzdem Platz weg. Einen Teil davon habe ich aufgelöst und den Inhalt in einem anderen Ordner dazugetan.

Papierkram
Es ist kaum zu glauben, was man im Geldbeutel, Schrank, Ordner oder der Schublade, etc. alles

aufbewahrt: Alte Bus- oder Bahnpläne, abgelaufene Gutscheine, Gebrauchsanweisungen von Geräten, die nicht mehr vorhanden sind, Einladungen, Kursangebote, Prospekte und Werbebriefe. War alles mal aktuell und wurde deshalb aufgehoben. Jetzt ist der Zeitpunkt gekommen, alles ins Altpapier zu werfen.

Tipp: Papiere, die nur kurzfristig aktuell sind, hefte ich mit einer großen Klammer zusammen und gehe sie regelmäßig durch.

Parfümflaschen
Als es angefangen hat, dass ich auf Duftstoffe allergisch reagiert habe, wurden alle Parfümflaschen verschenkt.

Pfannen und Kochtöpfe
Siehe unter Kochtöpfe.

Pflanzen
Ich mag Pflanzen im Garten aber nicht in der Wohnung. Bei uns standen jahrelang auf dem Eßzimmertisch 2 – 3 Töpfe im Weg, wenn man essen oder Papierkram erledigen wollte. Mein Mann hat dann einen ins Büro mitgenommen, eine Pflanze in den Garten, eine ist eingegangen.

Tipp: Wenn Besuch das 1. Mal kommt, sage ich jetzt immer vorab, bitte kein „Grünzeug" mitbringen. Einmal erhielt ich deshalb eine Tafel Schokolade in grünem Papier.

Plastikbehälter und Schüttdosen
Braucht man in jeder Küche, da angebrochene Lebensmittelpackungen besser umgefüllt oder die Packungen in einen verschließbaren Behälter gestellt werden sollten wegen der Haltbarkeit und als Schutz. Mit der Zeit merken Sie, welche Behälter regelmäßig im Einsatz sind, welches Fassungsvermögen Sie brauchen, etc. Deshalb weg mit allem, was ungenutzt im Küchenschrank steht.

> **Tipp:** Auch hier sind Kantinen, Altenheime, etc. dankbare Abnehmer.

Polyester und Baumwolle
Siehe unter Baumwolle.

Post
Ich habe Anfang des Jahres neben den Kontoauszügen auch Rechnungen, Schriftverkehr, etc. durchgesehen, teilweise durch den Reißwolf gejagt, teilweise ins Altpapier, danach meine Unterlagen besser sortiert. Bei alten Briefen habe ich nur solche aufgehoben, die für mich Erinnerungswert haben.

> **Tipp:** Ich hefte alles sofort ab, weil ich keine Lust habe, alles auf einen Haufen zu werfen, dann noch mal zu lesen, zu sortieren und abzuheften.

Postkarten
Als Kind habe ich angefangen, Postkarten zu sammeln. Ich hatte sogar richtige Postkartenalben. Da diese sowieso nur im Schrank verstaubten, habe ich nur die wirklich schönen und originellen Postkarten und unbeschriebene zur Weiterverwendung aufgehoben.

> **Tipp:** Die Briefmarken bei den beschriebenen Postkarten habe ich für einen Sammler ausgeschnitten. Unbeschriebene Postkarten verwende ich mittlerweile auch als Einladungskarten für Kindergeburtstage.

Pullover
Da mir immer schnell warm ist, schwitze ich in Pullovern leicht. Deshalb habe ich nur noch ein paar wenige aufbehalten. Außerdem ist es bequemer, eine Jacke anzuziehen, wenn ich doch mal friere, als einen Pullover über den Kopf zu ziehen.

Putzlappen
Putzlappen sind in der Regel sowieso günstig und es gibt regelmäßig Aktionen im Supermarkt. Man denkt,

dass Putzlappen immer gebraucht werden und nimmt eine Packung mit. Zu Hause stapeln sich dann die Packungen. Ich bin jetzt erst mal dabei, meine Bestände runter zu fahren und nichts Neues zu kaufen.

Putzmittel

Eigentlich braucht man nur je ein Reinigungsmittel für den Boden, das WC, das Bad und die Fenster. Spül- und Waschmittel sind natürlich auch unentbehrlich. Alles, was nicht sauber macht oder seltsam roch (Altbestände), wurde entsorgt.

> **Tipp:** Kaufen Sie einen Pflege-Reiniger für alle Böden, ich habe keinen Unterschied festgestellt, wenn man separate Reinigungsmittel für Parkettboden oder Fliesen verwendet. Dasselbe beim Waschmittel, ich habe nur ein Vollwaschmittel, kein Fein- oder Buntwaschmittel oder einen Weichspüler.

Regenkleidung

Haben Sie auch Regenkleidung, wo Sie nicht von außen, aber von innen naß werden, weil Sie schwitzen? Weg damit.

> **Tipp:** Lieber einmal mehr Geld ausgeben für eine atmungsaktive und wasserdichte (nicht nur wasserabweisende) Regenkleidung.

Rezepte

Früher habe ich Koch- und Backrezepte gesammelt, ich hatte sogar einen Ordner und eine Dose für Rezeptkarten. Ist alles im Altpapier gelandet. Bei den vielen Büchern, die ich dazu habe, wurden die Rezepte sowieso nie verwendet. Ein Buch mit Rezept und Bild aufzuschlagen macht mir persönlich mehr Spaß.

Röcke

Als ich auf die 40 zuging, fand ich mich langsam zu alt für Miniröcke. Deshalb habe ich nur die Röcke aufbehalten, die bis zum Knie oder länger sind.

> **Tipp:** Wenn Sie viel mit dem Fahrrad unterwegs sind, achten Sie beim Neukauf von Röcken auf einen Gehschlitz hinten.

Sammlungen

Ich habe früher alle (un)möglichen Figuren gesammelt: Schweine und andere Tiere, Stofftiere, Schneemänner, etc. Als ich schwanger war, dachte ich schon daran, dass mein Kind mal alles aus dem Regal räumen und in den Mund nehmen wird, und habe deshalb sehr viele Staubfänger entfernt. Mittlerweile sind Autos statt Figuren in meinen Regalen geparkt.

Schals und Tücher

Früher besaß ich Schals und Tücher in allen Größen und Farben. Das war abends richtig zeitaufwendig, etwas zum Anziehen hinzulegen. Denn alles musste passen: Hose, T-Shirt, Schuhe, Tuch, Jacke, Schmuck, etc. Jetzt habe ich nur noch ein paar Schals und Tücher in neutralen Farben, die zu allem passen.

> **Tipp:** Meine großen Schals habe ich auf Kleiderbügel für Hosen gehängt, da es mir einfach zu zeitaufwendig war, sie nach dem Tragen zusammenzulegen.

Schlafstörungen

Die Ursache sind oft Probleme, die man ausgerechnet nachts ausführlich wälzt und deshalb nicht schlafen kann. Auch hier ist eine ordentliche Entrümpelung angesagt. Nachts kann man in der Regel sowieso keine Lösung finden. Also tagsüber überlegen, was effektiv getan werden kann. Ein Meinungsaustausch mit einem Freund, dem Partner, etc. ist auch oft eine Hilfe, da man dann auch andere Seiten sieht. Ist übrigens ein typisch weibliches Problem. Die meisten Männer können sogar im Sitzen einschlafen.

Tipp: Ich habe mir früher ständig Gedanken gemacht, ob ich auch genug schlafe, wenn ich nicht einschlafen konnte, drehte und wendete ich mich, schaute ständig auf die Uhr und rechnete aus, wie viele Stunden ich noch schlafen könnte, wenn ich jetzt einschlafen würde. Mittlerweile stehe ich einfach auf und erledige noch etwas, den Trockner ausräumen, E-Mails schreiben, etwas zum Anziehen rauslegen, etc. Wenn ich mich dann wieder hinlege, klappt es in der Regel.

Schlüssel

Irgendwie scheut man sich immer, Schlüssel wegzuwerfen und irgendwann weiß man gar nicht mehr, zu welchem Schloss der Schlüssel eigentlich gehört. Ich habe alle weggeworfen, die ich nicht mehr zuordnen konnte. Hinterher habe ich mich geärgert, weil Kinder gern mit Schlüsseln spielen. Ich hätte ein paar gut erhaltene Schlüssel behalten sollen.

Schmuck

Schmuck wird oft in Etuis, Kartons, Schachteln, etc. verkauft. Sieht schön aus, nimmt aber sehr viel Platz weg. Ich habe deshalb neu sortiert, mehrere Ketten, Ohrringe, Armbänder in eine Schachtel gelegt, den Boden mit Filz oder einer Moosmatte ausgelegt und sehr viele Schmuckschatullen weggeworfen. Die ganzen Schachteln sind dann in einer großen Dose. In einem richtigen Schmuckkoffer kann man den Schmuck noch besser sortieren.

Tipp: Wenn Sie Sets (z. B. Ring mit passenden Ohrringen) in dieselbe Schachtel legen, entfällt die lästige Sucherei nach der zweiten Schachtel.

Schrauben

Kürzlich habe ich im Supermarkt praktische Plastikschachteln mit Fächern gekauft und eine große Dose mit Schrauben, Nägeln, Dübeln, etc. sortiert und dabei dann die krummen und rostigen Teile entsorgt.

Schüsseln
Es ist unglaublich, wie viele Schüsseln aus Plastik, Glas und Keramik man im Laufe der Jahre ansammelt. Ich habe nur die behalten, die ich regelmäßig verwende.

Schüttdosen und Plastikbehälter
Siehe unter Plastikbehälter.

Schuhe
Haben Sie Schuhe in allen Farben, damit es immer zu Ihrer Kleidung passt?
Schuhe in neutralen Farben wie schwarz, braun, beige oder auch blau passen immer.
Haben Sie Schuhe, mit denen Sie eigentlich nur sitzen können?
Ich hatte früher ein paar Gesundheitsschuhe im Büro, weil ich mit den Straßenschuhen nicht den ganzen Tag bequem laufen konnte. Es ist natürlich auch Übungssache, aber da ich einen schnellen Schritt habe, sehen Pfennigabsätze bei mir nicht damen- sondern eher trampelhaft aus. Mittlerweile habe ich nur noch bequeme Schuhe. Niedrige und hohe Schuhe, damit die Füße nicht einseitig belastet werden. Wenn Absatz, dann ein Blockabsatz, damit ich einen sicheren Stand habe. Wer riskiert schon gern bei jedem Schritt, sich eventuell den Fuß zu brechen?
Außerdem bevorzuge ich mittlerweile Slipper, Schuhe mit Klettverschluss oder einfacher Schnürung, für aufwendige Schnürschuhe habe ich keine Zeit. Vor Kurzem habe ich auch alle meine Sandalen ausgemistet, da ich finde, dass meine Füße nicht schön genug sind für offene Schuhe. Obwohl ich da bestimmt zu streng mit mir bin, bei dem, was ich schon alles an Füßen gesehen habe. Wenigstens sauber sollten sie halt schon sein.
Früher hatte ich 3 kleine Schuhschränke, jetzt nur noch 2. Neue Schuhe kaufe ich aus Platzgründen nur, wenn ein anderes Paar dafür aussortiert wird.

Selbstgestricktes

Vor etlichen Jahren hatte ich schon mal eine Phase, wo ich sehr viele Pullover gestrickt habe. Es gab damals günstig 500-Gramm-Wollknäuel für 10,00 Deutsche Mark. Habe sie auch alle getragen und dann lagen sie nur noch im Schrank, bis ich mich davon getrennt habe. Kürzlich hatte ich wieder eine Phase, in der ich viel gestrickt habe. Alles einmal getragen und dann lag es nur noch im Schrank. Auch wenn es sehr viel Arbeit war, sind die Sachen wieder in der Altkleidersammlung gelandet. Vielleicht hat jetzt jemand schöne Autositze mit meinen alten Sachen?

Setzkasten

Ich hatte mal 2 Setzkästen mit Figuren und sonstigen Kleinteilen. Irgendwann sieht man sich über. Ist mittlerweile alles entsorgt.

Socken und Strümpfe

Ich habe meinen Bestand durchgeschaut und viele Paare weggeworfen, da einige an den Fersen abgewetzt waren. Männer haben oft Löcher in den Socken, ohne es zu merken. Mein Mann wird in diesem Fall immer darauf hingewiesen, dass dieses Paar dann im Müll und nicht in der Wäsche landet.

Tipp: Überlegen Sie, wie oft Sie Strümpfe oder Socken wechseln, wie oft Sie Wäsche waschen und dann haben Sie einen Anhaltspunkt, wie viele Paare Sie eigentlich brauchen.

Spielzeug

Als Kind wurde ich sehr verwöhnt und hatte viel Spielzeug. Nach Weihnachten kamen die beiden Nachbarmädchen ein paar Tage zum Spielen, dann war das neue Spielzeug schon wieder nicht mehr so interessant. Bei meinen Kindern versuche ich, Dinge zu kaufen, mit denen sie kreativ spielen können.

Tipp: Dinge, die ich doppelt habe oder mit denen nicht gespielt wird, verkaufe ich auf Basaren. Versuchen Sie schenkwütige Großeltern, etc. zu bremsen und animieren, einfach zu fragen, was das Kind braucht oder worüber es sich freuen würde. Wer ersäuft schon gern in doppelten Spielsachen oder hat unzählige T-Shirts, obwohl dringend neue Socken benötigt werden.

Sportgeräte

Früher hatte ich einen Stepper, wurde kaum benutzt, da ich generell nicht gerne stehe. Nach der Geburt meines Sohnes habe ich mir einen Fahrradtrainer gekauft, damit ich zu Hause Sport machen kann. Auf dem Fahrradtrainer sitze ich fast täglich eine halbe Stunde. Mein Mann besaß ein Rudergerät. Anfangs hat er regelmäßig gerudert, dann monatelang gar nicht mehr. Ich habe hart daran gearbeitet, dass das Teil wegkommt, da es nur im Weg stand. Hat ein Jahr gedauert, jetzt ist das Gerät weg und mehr Platz im Wohnzimmer.

Tipp: Die beste Zeit, ein Sportgerät zu kaufen, ist nach Weihnachten. Vor Weihnachten bekommt man überall Rezepte und Tipps, wie man zunimmt. Nach Weihnachten will jeder wieder abnehmen und die Supermärkte bieten günstig Sportgeräte an.
Überlegen Sie sich gut, wo Sie das Sportgerät aufstellen. Wer geht schon gern und regelmäßig in den Keller, um Sport zu treiben. Mein Fahrradtrainer steht im Wohnzimmer. Meistens sehe ich fern nebenher oder höre Musik. Ein Telefon in der Nähe ist auch praktisch. Wenn man eine niedrige Stufe beim Fahrradtrainer einstellt, kann man sich trotzdem gut unterhalten.

Stifte

Es ist unfassbar, wie viele Stifte, Kulis (im Büro ist der Kuli ständig weg), etc. man im Laufe der Zeit ansammelt. Viele schreiben gar nicht mehr. Einmal mit einem Blatt Papier hinsetzen und dann kann in der Regel mehr als die Hälfte in den Mülleimer.

Strümpfe und Socken
Siehe unter Socken.

Taschen
Früher besaß ich eine ganze Kiste voll mit Handtaschen in allen Größen. Folgende Handtaschen habe ich ausgemistet:
- Die kleinen, weil sowieso nie genug Platz war für meine Sachen.
- Die ohne Reißverschluss, damit kein Dieb so einfach in meine Tasche langen kann.
- Die Stofftaschen, da sie bei Regen unpraktisch sind (Baumwolltaschen habe ich behalten, da sie zusammengefaltet prima in die Handtasche passen, so dass ich keine Plastiktüten brauche beim Einkaufen).

Außerdem habe ich sowieso keine Zeit und Lust, ständig meine Sachen in eine andere Tasche zu räumen.

Telefonliste
Eine Liste mit den wichtigsten Telefonnummern von Verwandten und Freunden, die man regelmäßig anruft, sollte neben dem Telefon liegen. Muss natürlich von Zeit zu Zeit überarbeitet werden.

Tipp: Rettungsdienst/Notarzt, Polizei und Feuerwehr sollten natürlich an 1. Stelle stehen. Außerdem wichtig: Hausarzt, Zahnarzt, Kinderarzt, Vergiftungszentrale.

Teppiche
Ich hatte früher viele kleine Teppiche, habe ich alle verschenkt. Ein größerer Teppich sieht für mich einfach besser aus als diverse kleine Teppiche.

Tipp: Beim Neukauf von Teppichen achte ich darauf, dass sie eine rutschhemmende Unterseite haben oder ich bestelle eine rutschhemmende Unterlage zum Zuschneiden (wird manchmal auch Teppich-Stop genannt).

Thermoskannen

Als ich anfing, Tee zu trinken, habe ich mir sehr lange Zeit Thermoskannen aus Plastik mit einer Innenwand aus Glas gekauft. Da ich viel mit dem Fahrrad unterwegs bin, passierte es immer wieder, dass die Innenwand durch einen holprigen Weg oder wenn mir die Tasche runterfiel, kaputtging. Glücklicherweise trinke ich ungesüßten Tee, so dass es wenigstens keine allzu große klebrige Sauerei wurde. Seit ich eine Thermoskanne aus rostfreiem Edelstahl besitze, habe ich dieses Problem nicht mehr.

Tipp: Wenn man eine bruchsichere Thermoskanne kauft, spart man langfristig.

Trinkbecher und -flaschen

Die billigen Flaschen und Becher (oft aus Plastik) taugen meistens nichts, sie sind undicht oder laufen aus, wenn sie mal liegen. Ich habe viel ausprobiert und wieder ausrangiert.

Tipp: Achten Sie beim Neukauf auf einen Dichtungsring beim Verschluss.

Tücher und Schals

Siehe unter Schals.

Tüten

Wer kennt das nicht. Im Geschäft erhält man bei jedem Einkauf eine Tüte, im Supermarkt kostet sie etwas und zu Hause stapeln sie sich dann ohne Wiederverwendung oder werden gleich - nicht gerade umweltfreundlich - weggeworfen.

Tipp: Immer 1 - 3 Baumwollbeutel in der Handtasche parat halten und wenn Sie wissen, dass es zum Einkaufen geht, gleich eine große Tasche, Rucksack oder Klappkiste mitnehmen.

Uhren

Wie viele Uhren stehen bei Ihnen in einem Raum? Ich hatte vier Stück im Schlafzimmer, jetzt ist es nur noch eine. Mehr macht einfach keinen Sinn, so groß sind die Räume nun auch wieder nicht, dass man an jeder Ecke eine Uhr braucht. Die eine ausrangierte Uhr musste sowieso bei jedem Stromausfall neu gestellt werden und ging regelmäßig vor.

Unterwäsche

Unterwäsche sieht durch häufiges Tragen und Waschen irgendwann auch nicht mehr so gut aus. Also weg damit. Es gibt ja regelmäßig Sets im Angebot.

Tipp: Bei den Kurzwaren gibt es BH-Verlängerer, wenn die Körbchengröße noch passt, aber der Teil mit dem Verschluss etwas zu eng ist.
Unterhemden kaufe ich immer 1 – 2 Nummern zu groß, damit sie länger sind. Die jungen Mädchen heutzutage denken oft nicht an Spätfolgen wie Blasen- und Nierenschäden, wenn sie auch bei Kälte bauchfrei unterwegs sind. Ich trage bei Kälte Nierenwärmer, die total bequem und vor allem warm sind.

Versicherungen

Beim Durchgehen des Schriftverkehrs stößt man zwangsweise auch auf Versicherungsunterlagen. Mein Mann und ich haben nach der Heirat geprüft, wer die günstigere Versicherung hat, der eine hat dann den Partner mit aufgenommen, der andere hat gekündigt.

Videos und DVDs

Siehe unter DVDs.

Visitenkarten

Bei jeder Gelegenheit erhält man eine oder steckt eine ein, wenn sie ausliegen. Irgendwann ist ein unübersichtlicher Stapel da. Ich habe alle ausgemistet, die nicht mehr aktuell sind.

Vorräte

Ich bin schon immer ein Vorratsmensch gewesen, eine gewisse Menge an Nudeln, Reis, Konserven, etc. muss einfach immer da sein. Es gibt allerdings nichts Ärgerlicheres als etwas wegwerfen zu müssen, weil das Haltbarkeitsdatum abgelaufen ist, deshalb schaue ich regelmäßig alles durch.

Tipp: Ich sortiere Einkäufe immer nach dem Haltbarkeitsdatum ins Regal oder in den Kühlschrank, das, was zuerst weg muss, steht auch ganz vorn oder liegt oben.

Werkzeug

Im Supermarkt gibt es immer wieder billige Angebote an Schraubenziehern und sonstigem Werkzeug. Die Sachen, die nichts taugen, habe ich alle weggeworfen. Wer braucht schon einen Hammer, wo man beim Schlagen plötzlich nur noch den Stiel in der Hand hat oder Schraubenzieher, die sich beim Schrauben anziehen verbiegen.

Zeitschriften

Frisurenhefte, Spezialausgaben zu Fernsehserien, Sonderausgaben nach dem Tod eines Schauspielers, alles Mögliche habe ich aufgehoben. Nur ein kleiner Teil ist übriggeblieben, da die Zeitschriften sowieso meist nur einmal nach dem Kauf angeschaut werden.

Noch ein paar Tipps zum Entsorgen

- Schuhe und Kleidung können Sie in Altkleidercontainern oder bei Sammelaktionen, von denen man regelmäßig im Briefkasten Infos hat, entsorgen.

- Bei Amazon können Sie als privater Verkäufer z. B. Bücher und CDs verkaufen. Nachteil: Die Dinge sind bei Ihnen an „Lager" bis sie verkauft sind.

- Bei ebay können Sie Dinge versteigern oder zum Sofortkauf einstellen. Möbel mit Selbstabholung einstellen, dann haben Sie keine Scherereien und Aufwand mit dem Versand. Nicht alles einzeln einstellen, sondern nach Thema sortieren, z. B. 20 CDs im Paket anbieten.

- Bei Fairkauf (Second-Hand-Kaufhaus) oder anderen karitativen Einrichtungen können Sie Dinge abgeben oder Möbel nach Terminvereinbarung abholen lassen. Es werden i. d. R. nur Dinge angenommen, die auch wiederverkaufbar sind. Fairkauf ist keine kostenlose Müllentsorgung. Vorteil: Die Dinge sind weg. Nachteil: Es ist eine Spende, Sie erhalten kein Geld.

- Second-Hand-Läden für Schuhe, Kleidung und Elektrogeräte.

- Aushänge in Praxen, Schulen, Universitäten, etc. am Schwarzen Brett mit Angabe von Kontaktmöglichkeiten.

- Es gibt Websites für den Ankauf von Büchern, CDs, DVDs, Spielen und Elektronik. Nach Eingabe der ISBN-Nummer erhält man sofort eine Information, wieviel man erhält und kann einen Warenkorb mit Verkaufsartikeln erstellen. Das Porto wird oft übernommen oder eine Abholung ist möglich. Nachteil: Die Preise sind sehr niedrig, so dass man sehr viel verkaufen muss, um auf den geforderten Mindestverkaufswert zu kommen.

- <u>Kindergärten</u> sind oft dankbare Abnehmer für Wollreste, Bastelutensilien, Spielzeug, etc.

- <u>Basare</u> in Kindergärten. Infos erhalten Sie in der Zeitung. Anrufen und Nummer geben lassen, zum vereinbarten Termin Kleidung, Schuhe, Spielzeug, Kinderwagen, etc. abgeben. Beim Abholtermin erhalten Sie dann die nicht verkaufte Ware zurück und das Geld für verkaufte abzüglich einer Verkaufsprovision für den Kindergarten.

- Auf <u>Flohmärkten</u> können Sie alles selbst verkaufen, den Preis bestimmen, Preisnachlässe geben. Ist allerdings recht mühsam.

- <u>Anzeigen</u> im Internet (z. B. bei eBay) oder in der Zeitung.

Wenn Sie Kinder haben, sollten Sie Spielzeug nicht in deren Gegenwart wegräumen, die können sich in der Regel von nichts trennen. Auf der anderen Seite wird altes Spielzeug bei der Durchsicht neu entdeckt und Sie müssen kein neues Spielzeug kaufen.

Viel Spass und Erfolg bei der Entrümpelung und Entsorgung!

Nachwort

Ich bin übrigens schon immer sehr ordentlich gewesen, auch wenn alles klingt wie die Geschichte eines geheilten Messies.

Ich fühle mich jedes Mal erleichtert, wenn ich mich wieder von etwas trennen konnte.

Mittlerweile bin ich beim Ausmisten richtig ehrgeizig. Ich nehme mir immer vor, eine Tüte muss für die Altkleidersammlung voll werden oder eine Dose, Schachtel, Ecke, etc. muss leer werden, damit sich die ganze Mühe auch rentiert. Man fühlt sich richtig gut, wenn hinterher mehr Platz ist.

Selbstverständlich habe ich auch Rückfälle gehabt und z. B. doch wieder ein paar bunte Tücher und Taschen gekauft. Aber mittlerweile bin ich so diszipliniert, dass es sich in Grenzen hält und der vorhandene Platz reichen muss, sonst wird wieder etwas aussortiert.

Sie werden sich sicher fragen, was ich mit dem ganzen neu gewonnenen Platz gemacht habe. Meine Kinder belagern ihn mit Spielzeug und mein Mann hat sich seinen Jugendtraum, eine Carrera-Bahn, erfüllt, die jetzt im Wohnzimmer noch mehr Platz wegnimmt als das bereits erwähnte Rudergerät. ☺

Stichwortverzeichnis

Bisher erschienen:

Tipps und Tricks vor und nach der Geburt
ISBN: 978-3-8482-2560-6 oder 3848225603

Weitere Informationen unter:

www.claudia-dieterle.de
www.claudiadieterle.de